pause

pause

김영빈 디카시집

놀북

시인의 말

유순한 마음으로
진심을 다해 다가가면
불가능할 것 같은 상대와도
친해질 수 있음을
야생 사슴 동백이에게 배웠다.

그런 소중한 순간들을
헛되이 잊고 싶지 않아
언제부턴가
많은 것들을 사진에 담아
디카시로 남겼다.

디지털의 힘을 빌어
아날로그 감성이 쌓이는 공간

나도 언젠가 누군가에겐
좋은 기억으로 펼쳐질 수 있을까.

2023년 봄
김영빈

1부　그리움의 방향

봄밤	13	Side mirror	39
꽃, 사슴	15	고리	40
희망사항	17	모래성	41
착시	18	가치	42
합리적 의심	20	그리움의 방향	43
동화^{同化}	21	점혈	44
태엽시계	22	자벌레	45
개화^{開畵}	23	줄	46
결로^{結露}	24	어찌何오리까	47
낯빛	25	악공^{樂工}	48
궁금해	26	Meltdown	49
Cross	27	Be careful	51
헛다리	28	등	52
등에	29	내게로 와	53
Kiss	30	오리둥절	54
위로	31	뺑	55
大	32	편견	56
에그타르트	33	아틀라스	57
Victory	34	꼬마 눈사슴	58
너의 미소	35	My way	59
국기에 대한 경례	36	입춘^{立春}	60
나름 벤츠	37	빙어^{氷魚}	61
지도야 꼼짝 마	38		

2부   고백하자면

칼레의 시민들	64
햇병아리	65
버스형 토풀(?)로지	66
Diode	67
시선	68
석매 石梅	69
수묵담채	71
다이너마이트	72
색깔 loan	73
녹 綠	74
아이러니	75
북두칠화 北斗七花	76
흔들고 싶어	77
연록담 蓮綠潭	78
미다스의 손	79
선택	80
아들의 방	81
토끼가 기가 막혀	83
통신사가 어디니?	84
森에서 木으로	85
불변의 법칙	86
염원	87
달을 던져야지	88
四果라며	89
나무를 뽑는 방법	90
지구를 기울일까	91
비파형동검	92
풍경 風磬	93
봉수	94
주산지에서	95
목련월	96
귤등	97
황혼	99
택배	100
눈 감아	101
다이어트	102
성장통	103
닥쳐	104
고백하자면	105
Survival	106
감사합니다	107
Turn it on	108
관통	109
복음	110
의지박약	111
귀소본능	112
탕수육 소스	113

3부 극한직업

무릉매원 117	허세 144
꽃달 118	Just wait 145
모닥불 119	웅, 시柿 146
回春 121	해석 147
라이터가 필요해 122	힘줄 148
묵형墨刑 123	Zoo王山 149
관계 124	얼굴 150
애들은 가라 125	新구지가 152
매란梅卵 126	비켜 줄래? 153
꽃다발 127	푸념 154
반골 129	비움 155
패션 감각 130	씨 156
석주를 꿈꾸다 131	카더라 통신 157
몽환 133	코끼리 159
장항 song林 135	극한직업 160
미련하긴 136	역린逆鱗 161
잠자리 137	e-motion 162
마법 138	선물 163
자화상 139	세월 164
꼬리 자르기 140	Water hole 165
요람에서 하늘까지 141	禁줄 167
물길 142	야경 169
적요 143	

부록   펜은 거들 뿐

줄탁동시	172
넌 누구냥	173
호들짝	174
가글링	175
자존심	176
Cheer up	177
그냥 잡솨	178
길냥이	179
꽃게랑	180
닭벼슬	181
Don't touch me	182
말 되지?	183
묘화	184
수탉이 기가 막혀	185
어쩌다 19금	186
이 떡은 내 떡	187
제덕쿵야	188
고려장	189
은폐	190
태세 전환	191
핥짝핥짝	192
아이고 짜다	193
해설_최광임 시인	195
직관과 위트 넘치는 사물의 재해석	

1부

그리움의 방향

밤하늘 샛별
막바지 벚꽃
고고한 사슴과
마즈 앉아 눈 맞추던
꿈같은 시간.

。봄밤

나무가
벗어 놓으면
한번 입어 볼까
하염없이
바라만 보던.

∘ 꽃, 사슴

내 눈빛이 얼마나

더 유순해져야

널 만져 볼 수 있을까.

。희망사항

부러질 듯한
나무에 올라갔다
엄마한테 혼나던
개구쟁이 시절
아련한 기억.

。착시

길을 가다 멈춰선
사슴에게 묻는다.

너, 솔직히 말해 봐
저 글자 알지?

。합리적 의심

동백꽃
사이로 벌이는
야생 사슴과의
한판 실랑이.

◦ 동화^{同化}

이 조그만 태엽
열두 바퀴 힘으로
四季가 돌아간다.

。태엽시계

물앵두나무
물감을 풀어
허공에
꽃을 그리다.

。개화^{開畵}

새가
알 낳은 거
처음 봐?

。 결로^{結露}

벚꽃만
꽃이냐구
발아래도 좀
'보라'구.

◦ 낯빛

비 올 때는
맞고 있다가
그치고 나서
우산을 펴는
이유가 뭐야?

。 궁금해

우리는 서로
힘을 모은 건데
세상은 왜
'틀린 거'라 말하지?

。Cross

콩깍지가 아주
제대로 씌었네~

이거?
토끼풀인데?

。 헛다리

복사꽃 등에
꽃등에
그 등에
업힌 꽃등에.

。 등에

꽃잎
때문에
들켜 버렸다.

。Kiss

지쳐 쓰러져
그림자마저
보이지 않을 때
네 환영조차 얼마나
큰 힘이 되는지.

。위로

태생이
작긴 해도
품은 뜻은
누구보다
크다.

。大

즐비한 연밥집
마다하고
신세대 취향에
빠져들었다.

。에그타르트

느리다고
포기하지 마!
마지막에
웃는 건
너일 테니까.

。Victory

나의
심장을
관통한
탄환.

。너의 미소

하마터면
뒤돌아서서
거수경례
할 뻔했다.

。국기에 대한 경례

차 위에 그거 하나
올려놓는다고
소나타가 벤츠 되냐?

。 나름 벤츠

조금 전엔
분명히
한반도였다구!

。지도야 꼼짝 마

뒤돌아보지 말고
되돌아보라고
지나간 시간에
집착하지 말라고.

◦ Side mirror

단절된 듯 보여도
어딘가 분명
연결되어 있는
세상과 세상
마음과 마음.

。고리

무너진다는 건
결국 자연으로
되돌아가는 것
우리가 쌓은
모든 것들의 운명.

。모래성

노랗다고
다 같은
노랑이 아냐.
꽃은 스스로
빛이 나거든.

。가치

바람에 흔들린 거야.
하필이면
네가 사는 그쪽으로.

。 그리움의 방향

나부끼는 깃발에
낙엽을 얹었더니
거짓말처럼
바람이 잦아들더라.

。점혈

저마다 마음속에
자벌레 한 마리씩
키우는 거 다 알아
사람일랑 그만 재고
세상을 재면, 좀 좋아.

。 자벌레

세상엔
잘 잡고
잘 서야 하는 게
하나 있지.

◦ 줄

거기 맨 뒤에
너,
너 좀 빠져 줄래?
5里가
6里 되게 생겼어.

。어찌何오리까

꿈에서도 차마
현을 놓지 못하는
너의 전생은
아쟁의 명인이었을까.

◦ 악공^{樂工}

단단한 표면의
융점을
뜨겁게 달구어
네 마음에
녹아드는 일.

。Meltdown

입김 불지 마세요.
흔들지도 마시구요.
떨어져서 깨지면
다시 한 달을
기다려야 한다구요.

 Be careful

어떤 등燈은
세상을 밝혀 주고
어떤 등[背]은
쉼터가 되어 주지.

∘ 등

눈부신 해 지고 나면
감았던 눈 부릅뜨고
파도보다 높은 어둠을
온몸으로 받아낼 거야.

。 내게로 와

얼어붙은 마음은
여우짓으로
녹여야 한다는데

어후, 닭살….

◦ 오리둥절

엊그제
강추위는
氷山 폭발
때문이랍니다.

。뻥

새는 모두
卵生이 아니었나?

세상에는
껍질보다 더
깨기 힘든 게 있다.

。편견

신화의 시대가
끝난 뒤에도
계속되는
가혹한 형벌.

。아틀라스

못된 마음
엉덩이에 뿔나고
예쁜 마음
눈덩이에 뿔난다.

◦ 꼬마 눈사슴

아무리 긴 터널도
출구는 있기 마련
내 앞에 잠시
드리워질 어둠이
두렵지 않은 이유.

。My way

무장을 해제당한
冬將軍의 발걸음
저항과 항복을
저울질하고 있다.

。입춘^{立春}

저들의 단단한 生은
추운 겨울이 아니라
뜨거운 여름을 거스른
혹독한 담금질로
완성되었을 것이다.

◦ 빙어^{氷魚}

2부
고백하자면

용기 있는 자만이
生을 허락받으리라.

。칼레의 시민들

새가 되어
날아갈 수 없다면
나무가 되어
새들을
불러 모으면 되지.

。햇병아리

잘 그렸지?
이래 봬도 내가
정보통신학교에 살아.

◦ 버스형 토풀(?)로지

버스형(Bus) 토폴로지
- 중앙의 통신 회선 하나에 여러 개의 정보 단말 장치가 연결된 구조로 LAN에서 주로 사용한다.
- 터미네이터(Terminator)는 시그널의 반사를 방지하기 위해 사용된다.
  목적지 없는 데이터를 잡는 역할이다.
* **LAN(Local Area Network)** _ [네트워크에 대한 글]

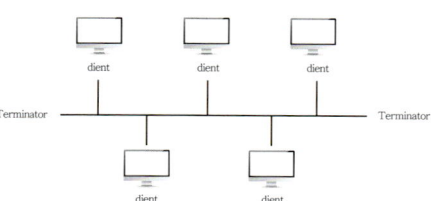

많은 이들과의
交流도 좋지만
너를 향한
直流가 더 좋아.

。Diode

낮추어보면
고층 건물도 낮아 보이고
우러러보면
작은 풀꽃도 높아 보인다.

。시선

오매불망
나의 소원은
푸른 매실을
달아보는 것.

。 석매 石梅

지금은
수묵水墨 위에 green
노란 점들이
서로에게 물들어
침잔沈潛하는 시간.

。수묵담채

심지에
초록불을 붙였다.
이제
던질 일만
남았다.

。다이너마이트

　　　빛에게

　　　　빛진

　　　　색.

　。색깔 loan

콘크리트와
철의 세상에
조그맣게
녹^{綠}이 슬었다.

    ∘ 녹^{綠}

꼬여야
잘 풀리는
삶도 있단다.

。아이러니

별은
하늘의 꽃
꽃은
지상의 별.

。북두칠화^{北斗七花}

모두가
너 하나만
바라보니까
나는 보이지도
않을 것 같으니까.

。흔들고 싶어

사화산처럼
빗물에 식어버린
花山 폭발의 흔적.

。연록담^{蓮綠潭}

너에게 닿으면
하찮은 돌도
향기로운
꽃으로 변하겠다.

◦ 미다스의 손

너는
꽃으로 남았을까.
소리로
흩어졌을까.

◦ 선택

아들이 군대 간 날
집으로 돌아와
텅 빈 방을 보고
한참을 울었습니다.

。아들의 방

한 걸음 다가갔더니
사슴들이 다 토끼(?)네.

。토끼가 기가 닥혀

Wi-Fi
빵빵하게
터지네.

◦ 통신사가 어디니?

때론
장산숲이
한 그루 나무로
보인다.

。森에서 木으로

시대를 막론하고
사랑은
저 광활한 공간을 날아
특별한 사람에게만
갔을 것이다.

。불변의 법칙

다시는
불에 타지 말라는

파문에
흔들릴망정
무너지지 말라는.

。염원

노랗게 익은 달은
모과를 던져 잘 땄지만
가지에 걸린 모과는 어쩌지?
신발을 던져볼까?
그러다 신발도 걸리면?

。 달을 던져야지

한 알은
누가
따 갔니?

。四果라며

누워 있는
수면을
일으켜 세우면
새가 되어
날아갈까?

。나무를 뽑는 방법

아따, 부처님
56억 7천만 년 주무셨으면
이제 그만 일어나
어지러운 세상 좀 살펴보셔야지
등에 땀띠 안 나셨소?

。지구를 기울일까

당항포에 가면
누워야 보이는
청동기 시대
유물이 있다.

。 비파형동검

거미의
종[奴]이었다가
바람의
종^{鍾}이 되었네.

∘ 풍경^{風磬}

여름이
물러가고 있다는
소식
어찌 전할까
싶었더니.

◦ 봉수

밤에는 나무가
빨아올리고
낮에는 호수에
녹아내리는
가을.

。 주산지에서

캄캄한 새벽
길을 걷다, 쿵~ 하고
머리를 박았다.

꽃잎 하나 사뿐
내려앉았다.

。목련월

달의 허물을 주워다가
심지를 돋워 불을 밝혀 봅니다.
어둠에 내주었던 살들이
포실하게 다시 차오르는 밤
누군가는 또 입맛을 다시겠지요.

。귤등

누구나 한때는
누군가의 보석이자
하늘을 나는
주인공이었을 거야.

◦ 황혼

福으로 가득 찬
새해를
배달 중이오니
서명 후
수령하기 바랍니다.

。택배

밤을 부르는
가장 빠른 방법.

。눈 감아

거울아, 거울아
자꾸 이러면
깨버릴 거다!

。다이어트

화살처럼
가슴에 박힌 말들이
나를 이만큼
키워냈다.

。성장통

쟤 또
아재개그 한다.
지치지도
않나 봐.

。닥쳐

그림은
커피가 그렸고
거품은 내가
실수로 묻혔다.

。고백하자면

네가 공룡이든
낙타이든 상관없어.
빙하기를 지나
사막을 건너, 여기
살아왔으니까.

。 Survival

누가
내 차에
낙서했어!

。감사합니다

나이는 젊을수록
연륜은 높을수록
더 빛이 난다.

당신은 늘
빛나는 등불이었다.

。Turn it on

날카로운 너의 말이
나의 심장을 뚫었어.
말랑했던 마음이
마법에라도 걸린 듯
한순간 얼어붙었어.

。관통

흔들리는 마음을
위로해 준다.
보기만 해도 들려오는
거룩한 신의 음성.

◦ 복음

응어리진 마음에도
중력이 작용한다면
못 이기는 척
핑계 삼아
떨구어낼 텐데.

◦ 의지박약

초밥 위에 올려진
조각난 등고선
연어들은 살 속에
고향의 지도를
새겨 두었던 걸까.

。귀소본능

흘리기 전엔
모르는
영롱한 것들

눈물, 그리고.

◦ 탕수육 소스

3부

극한직업

신선의 삶을
잠시라도 살 수 있다면
한 송이 매화로 피었다
져도 좋겠네.

。무릉개원

떨어진 벗꽃잎을
하늘에다 붙였다.
너무 세게 눌러
손때까지 묻었다.

◦ 꽃달

네 삶은 대체
얼마나 질기고
뜨거운 것이길래
세찬 비바람에도
쉽게 꺼지지 않는가.

。모닥불

검버섯 핀 돌담에도
생기가 돋고
老木의 가슴에도
화색이 도는
봄.

。回春

설익은 열매들
성냥불로
일일이 그어서
어느 세월에
다 익힐까.

。라이터가 필요해

허락 없이
꽃을 탐한 죄
이마에 새기노라.

◦ 묵형墨刑

서로가 가진 걸
탐하지만 않는다면
이 정도의 거리는
괜찮은 거 같아.

。 관계

순수하고
맑은 영혼들만
내게
돌을 던져라.

。애들은 가라

익지도 않은
매실을 따다
가지런히도
모아 놓았네.

○ 매란梅卵

너 주려고
돈 좀 썼다!

。꽃다발

나도 가끔은
뒤집힌 세상을
꿈꾼다.

。반골

나방에게도
밀리다니
이게 사는 건가.

。패션 감각

수억 년 만에 허락된
생명의 푸른빛
석순 대신 자란다.
부러진 종유석과도 언젠가는
다시 만날 것이다.

◦ 석주를 꿈꾸다

꿈 꾸듯, 꽃을 피운다.
희열로 남았는지
허무하게 흩어졌는지

분명 엿보았지만
기억나지 않는 꿈.

◦ 몽환

보랏빛 안개가
맥문동 줄기에
이슬로 맺히는 곳

해풍海風은 솔잎을 튕기며
노래를 부른다.

。장항 song林

못 삼키겠으면
얼른 뱉어.
볼 터질라~.

。 미련하긴

깊은 잠
유혹에 빠져
내려앉은 곳
발은 뿌리가 되고
날개는 잎이 되었다.

。잠자리

여기 올라타
페달을 밟으면
파노라마 사진처럼
계절이 바뀐대.

。마법

놀 곳 잃은
두더지가
주차장 담벼락에
자기 얼굴을
그려 놓았다.

。자화상

아무리 너라도
인간들만 할까.

。 꼬리 자르기

요람 속
이 아기가
강이나 바다
혹은 구름이 될지
누가 알겠어.

。요람에서 하늘까지

갯내음 풍기는
구름 사이엔
은하수가 흐르는
갯골이 있다.

。물길

흐려진 마음에
연잎을 띄워 봐
거짓말처럼
맑아지더라.

。적요

모히또의
몰디브 대신
나는
마티니나
마실까?

。허세

떨어지는
모든 빛방울은
기와지붕을 흘러
처마 밑으로
모이기 마련이니.

。Just wait

내 눈에 뵈는 건
온통 감뿐인데
네가 뭘 바라보는지
도통 감이 안 잡혀.

◦ 응, 시^{柿}

그저 천천히
걸어서
와 달라는
말.

。해석

저것 좀 봐
꽃 한번 피우기 위해
나무도 흙도
얼마나 애를 쓰는지.

。힘줄

눈을 비비고
다시 봐도
King Kong이 있다.
周王山의 이름을
다시 써야겠다.

。Zoo王山

허공에 쓴 2진수
'1111 1010 1100 1110'은
16진수로 'F A C E'가 된다.
빗방울에게도
디지털 감성이 있다.

。얼굴

거북아, 거북아
물고 있던 해를
어서 토해 놓아라.
그러지 않으면 일출봉에
뒤집어 놓으리라.

。新구지가

열 번 찍어도(?)
안 비켜 주는 사람
꼭 있더라.

。비켜 줄래?

어떤 상황에도
꿀 빠는 놈은
따로 있다.

◦ 푸념

훌훌 털어 버리는
가진 자의 자유
비워야만 다시
채울 수 있음을
아는 자의 여유.

。비움

넌, 민들레 씨
쟨, 구름의 씨

난,
김 모 氏….

。씨

못 본 사이
많이 해쓱해졌네.
살 빼는덴
봉침이
그만이라 카드만.

。카더라 통신

울산바위는
울산에서 왔다고?
그럼 나는
어디에서 왔을까?

。 코끼리

매번, 사람들 그 많은 소원
다 들어주느라 아주
귀가 닳을 지경이지만…

실제로 들어준다고는
말 안 했다.

。극한직업

그건 네가 오롯이
감당할 수 있을 때만
건드리는 거야.

◦ 역린^{逆鱗}

라면을
먹다가도
흘리는
감성

。e-motion

매일 한 알씩
알알이 해를 꿰어
빛나는 목걸이를
당신에게
걸어 주고 싶네.

◦ 선물

철 모를 땐
빨리 가길 바랬지만
반백을 넘어서니
더디 갔음 좋겠다.

。 세월

하늘 한번
만져 보라고
빗물이 주는 선물
다른 시공으로 가는
비밀의 통로.

◦ Water hole

빅뱅 이후
새로운 형성이
태어났다는
표시.

。禁줄

더 촘촘한 체를
구해야겠어.
저 많은 사금 중에
겨우 두 알갱이만
건져지다니.

。 야경

| 부록 |

펜은 거들 뿐

아, 냅둬유~
옷 갈아입는데
쪼긴 뭘 쪼아~.

줄탁동시

아무래도 내가
온라인에서
고양이를
너무 많이 봤나 봐.

넌 누구냥

아무리
피곤해도
여기서
졸면 쓰나.

호들짝

 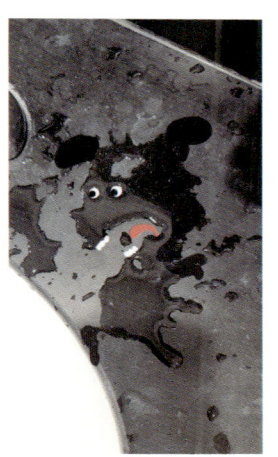

야!
조심 좀 해
치약 거품
다 튀길라.

가글링

나도 닐스처럼
거위를 타고
날아 보고 싶다.

이봐,
난 고니라구!

자존심

 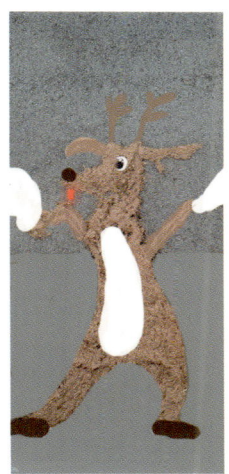

I'm on your side~.

Cheer up

과자 하나 주면
안 잡아먹지~.

그냥 잡솨

왜?
꾹꾹이 좀
해 줘?

길냥이

꽃도둑
게 섰거라~

너 같음 서겠냐~.

꽃게랑

벼슬 한번 못하고
지는 게 아쉽다길래.

닭벼슬

게 아니니까
조용히 가라~
줄로 칭칭 감아
매달기 전에.

Don't touch me

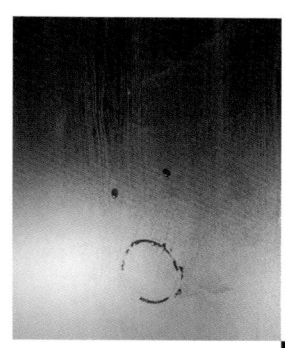

내가 말이야
물을 좀 흘렸는데
말이야~.

달 되지?

나뭇가지만 골라
총총 밟고 간
꽃, 꽃.

묘화

누가 낳은
알이야
빨리 불어~.

수탉이 기가 막혀

혼자
열락에 빠진
당신

여기서 이러시면
곤란합니다.

어쩌다 19금

낮떡은 새가 먹고
밤떡은 쥐가 먹는다구?
웃기지 마!
내가 다 먹을 거야~.

이 떡은 내 떡

화이팅!!!

제덕쿵야

추운데 왜 거기서
그러고 계세요.
아들이
데리러 온댔는데
안 와….

고려장
무엇이 나를 그렇게 만들었을까
호시노 도모유키 작가의 소설을 읽고

사무실 내 파릇한
화분들을 노리고
거기 숨어든 건

아니지?

은폐

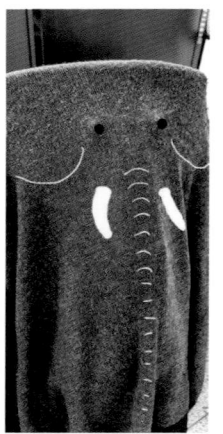

누가 또 내 머리에
똥...쓰
읭? 아니네.
바나나였네.

고맙고로.

태세 전환

니들만
입이냐?
나두
빵 좋아하거든!

핥짝핥짝

하필 종 밑에
굴비를
달아 놓다니
바람의 전생은
자린고비였나 봐.

아이고 짜다

| 해설 |

직관과 위트 넘치는 사물의 재해석

최광임(시인·디카시 주간)

　디카시는 디지털 전자 매체 시대에 문자 중심의 문학을 넘어 멀티언어 영역으로 문학을 확장한 시대적 산물이다. 인류는 최근까지 원자atom로 구성된 실물 세계를 거점으로 존재해 왔다. 그러나 비트bit로 구성된 디지털 세계를 발견하면서 앞으로 인간은 지금까지와는 다른 거대한 사이버 세상에 살아야 한다. 원자 세계와 비트 세계가 혼종하는 삶을 살게 되었다. 세계는 컴퓨팅과 네트워킹으로 일원화하면서 새로운 문화 공동체가 만들어졌다. 정보의 기반은 플랫폼화되고 생활은 스마트 도구화되었다. 이를 '호모 스마트포니쿠스(Homo Smartphonicus)'라 부른다.
　이 거대한 신인류 신문화의 사이버 세상에서 한국인의 스마트폰 보유율은 95%(퓨 리서치 발표)로 세계 1위를 차지한다. 나머지 5%는 일반 휴대전화를 사용하는 것으로, 거의 전 인구가 휴대전화를 보유하고 있는 셈이다. 한국은 세대 간의 스마트폰 보유율 격차 또한 가장 낮다. 이러한 한국의 기술적 기반은 디카시의 출현과 대중화, 그리고 중국, 인도네시아, 인도, 미국, 캐나다, 베트남 등으로의 세계화 확산에 지대한 영향을 미치고 있다.

호모 스마트포니쿠스 김영빈 시인은 디카시 창작에 관록이 있는 디카시인이다. 마샬 맥루한이 "예술가들은 남들과 다른 더듬이를 가지고 있어서, 그 누구보다도 기술의 발전에 본능적으로 예민하게 반응한다"라고 한 그 범주에 속한다. 김영빈 시인 디카시의 특징은 크게 두 맥락으로 나뉜다. 먼저는 디카시적 사물을 발견하고 재해석하는 능력이 뛰어나다는 점이다. 또 하나는 참신한 역설과 비유로 재치와 위트가 넘쳐난다.

나무가
벗어 놓으면
한번 입어볼까
하염없이
바라만 보던
-「꽃, 사슴」

대조적인 것들은 대체로 어느 한쪽이 희극적이거나 반대로 비애에 젖거나 애잔한 경우가 많다. 식물과 동물 자체가 비애나 애잔함을 띄는 것일 수는 없지만, 봄날의 한 시공간에 있는 저 벚꽃과 사슴은 대조적이다. 본연대로라면 꽃과 사슴이든 벚꽃과 꽃사슴이든 미적 조화가 선행하기 마련이다. 더욱이 만물이 소생하는 봄날 무엇인들 아름답지 않을까. 하지만 만물이 소생하는 봄날이라서 저 두 이미지는 대조적이다. 혹한의 겨울을 건너온 어린 사슴의 몸에 궁기가 바짝 들었다. 만화방창 만개한 벚꽃과 대비되어 초라하기 짝이 없는 행색이다. 겨울을 지나오느라 윤기 빠진 사슴의 몸은 금방이라도 쓰러질 듯 휘청거리는데, 하필 난분분 만개한 벚꽃 군락 앞에 홀로 있다.

　물론 사슴 또한 새봄을 맞는 중이다. 겨우내 거칠어졌던 털들도 윤기가 오르고 새뜻해지게 될 것이다. 그런데도 벚꽃 만개한 방향을 "하염없이/ 바라만 보던" 사슴의 행동에서 배어 나오는 애잔함이 크다. 사슴은 새 옷을 입고 싶다. 꽃잎 옷을 입으면 자신의 궁기는 사라지고 '꽃사슴'이 될 수 있다고 여기는 것일지 모른다. 여기서 재미있는 점은 "나무가 벗어 놓"았다는 표현이다. 사물의 재정의인 셈이다. 그것은 나무에 달린 꽃잎이 나무의 옷이라는 의미로 재정립된다. 나무의 옷은 사슴이 입고 싶은 옷인데, 나무가 벗어 놓아야만 입을 수 있다. 그 풍경을 본 시인의 눈에는 벚꽃보다 사슴이 먼저 띄었을 것으로 짐작된다. 만화방창한 꽃들을 주렁주렁 달고 있는 나무들이 군락을 이룬 것에 반해 사슴은 혼자다. 불쌍한 사슴,

외로운 사슴 등 시인은 사슴의 행색에서 한 생명의 안쓰러움을 보았을 수 있다. 그런 사슴에게 봄으로 시작하는 새 옷을 입혀주고 싶은 마음이 '옷'을 발견한 것이다.

거북아, 거북아
물고 있던 해를
어서 토해 놓아라.
그러지 않으면 일출봉에
뒤집어 놓으리라.
- 「新구지가」

 디카시는 찰나의 시공간을 포착하고 카메라로 사물을 복제하면서 창작이 시작된다. "복제 기술은 복제된 것을 전통의 영역에서 떼어낸다. 복제 기술은 복제를 대량화함으로써 복제 대상이 일회적으로 나타나는 대신 대량으로 나타나게 한다. 또한 복제 기술은 수용자로 하여금 그때그때의 개별적 상황 속에서 복제품을 쉽게 접하게 함으로써 그 복제품을 현재화한다." 이 두 과정, 즉 복제품의 대량생산과 복제품의 현재화는 전통을 엄청나게 뒤흔드는 결과를 가져온다. (「기술복제시대의 예술작품」)라고 벤야민은 말한다. 이는 특수 영역이었던 사진의 복잡한 기술이 대중적으로 보급되면서 가

능해졌다는 말이다. 따라서 창작자의 작품 구상에 대한 영감, 열정, 노력, 고뇌, 정서적 관심, 집념 등이 담긴 예술작품은 이제 기술 복제를 통하여 대량생산함으로써 본연의 작품만이 지닐 수 있는 '아우라'를 잃어버렸다. 예술의 진품성에 연연하지 않게 되면서 우리의 예술작품 향유의 폭 또한 넓어졌다.

　해안에서 발견한 거북 모형의 바위를 발견한 시인은 현전하는 가요 중 가장 오래된 집단 무요이자 수로왕을 맞이하기 위해서 부른 고대 가요「구지가」를 떠올린다. "거북아 거북아/ 머리를 내어라./ 내놓지 않으면/ 구워서 먹으리." (「구지가」, 삼국유사)라는 구조는 요구하다가 위협하는 주술적인 노래의 전형이면서 고대인의 소박한 상징수법이 아우라를 이루고 있는 작품이다. 시인은 고대 가요 속의 거북을 해안의 바위에서 만난다.「新구지가」라는 제목을 통해서「구지가」의 아우라를 깼을 뿐 아니라, 거북 형상의 바위를 복제한다. 김영빈 시인이 복제한 거북 형상은 이 디카시를 읽는 독자에게도 무한 반복하여 접할 수 있게 됨과 동시에 현재성을 갖는다. 그러면서 패러디한 작품의 내용 또한 전혀 다른 메시지를 내포하게 된다. 고대 가요「구지가」속 '머리'의 상징과 김 시인「新구지가」의 '해'는 '우두머리'라는 언어적 의미로 상통할 수는 있으나 내용상의 의미와는 변별된다. 우선 '거북'의 행위적인 면에서 그렇다. '머리'는 거북의 몸 일부로 거북 자체가 되지만, 이 작품에서는 '거북'이 아니라 그 거북이 물고 있는 '해'라는 점이다. 또한「구지가」는 집단 무요인 반면에 김 시인의「新구지가」는 시적 정황상 집단적 무요라는 것을 단언할 수 없다. 기술복제가 '전통을 뒤흔드는 결과'를 야기한다는 점을 상기할 때 '해'가 갖는 상징성 또한 현대적 관점에서 풀이해도 무방하다. 그렇게 볼 때 해는 생명, 빛, 창조적 부흥, 에너지, 힘, 열정, 젊음, 남성성, 희망적인 상황이나 꿈, 의지하는 존재, 새롭게 시작하고자 하는 마음 등을 상징한다. 그러므로 원본을 해체하여 전혀 새로운 것을 만들 듯 시인이 의미한 해의 상징은 시인이 소망하는 어떤 것으로 읽어도 무방하다.

이 조그만 태엽
열두 바퀴 힘으로
四季가 돌아간다.
-「태엽시계」

디카시는 카메라(디지털카메라, 스마트폰 내장 카메라)로 일상에서 만나는 정서적 사물을 찍고 극순간 5행 이내의 문장을 병렬하거나 직렬연결하여 복기함으로써 완성하는 융합 예술이다. 사진만으로 디카시가 되지 않으며, 문장만으로 디카시가 되지 않는다. 어느 한쪽 치우침 없는 등가 상태에서 화학반응이 일어나 하나로 융합되어 메타포를 형성해야 한다. 발터 벤야민이 『일방통행로』에서 읽기 행위가 이미지적·단속적·충격적·촉각적 성격을 띠게 되면서 인쇄

된 책은 낡은 형식이 됨으로써 구텐베르크 시대는 종말을 맞게 될 것이라고 말한 것은 얼마간 맞는 셈이다. 물론 텔레비전이 등장하고 라디오는 사라질 것이라던 말이 틀린 것처럼 문자 종이 시대의 종말은 오지 않을 것으로 본다. 그런데도 문자 형식으로만 통용되던 '읽기'가 미디어 시대에는 벤야민이 말한 '이미지적·단속적·충격적·촉각적' 성격의 의미로 확장되었음을 부정할 수는 없다. 바로 디카시가 대중에게 호응을 얻어 확산할 수 있었던 요건이기도 하다.

시인이 세계를 바라보는 시선에 따라 사물들은 새로운 것으로 탄생한다. 아주 작은 것이라도, 유·무용한 것들을 허투루 보지 않는 관찰력과 사물이 내포하고 있는 정서를 듣고 읽어내는 직관적 포착력 등에 따라 촌철살인의 문장이 탄생하는가 하면, 명료한 상상력을 발휘하기도 한다.

「태엽시계」의 디카시적 메시지는 '四季'로 집중되고 순환하는 사계절, 순환하는 우주로 시적 의미가 확장한다. 이러한 상상의 출발점에는 실세계의 이제 갓 눈을 뜬 작은 새싹 하나가 있다. 이제 겨우 돋은 쌍떡잎으로는 이름조차 분간하기 어렵다. 이미 시인에게는 극순간 시계를 움직이게 하는 장치인 태엽이 되었으므로 잎의 이름이 무엇인가는 중요치 않다. 12개월 만에 다시 돋아난 싹은 태엽이지 떡잎이 아니다. 태엽은 시간을 알리는 시계를 돌리고 그 시계가 1년을 돌린다. 종내는 태엽이 우주의 원리를 관장하는 것으로 확장된다. 사물에 대한 시인의 직관력이 빚어낸 수확물이다.

낮추어보면
고층 건물도 낮아 보이고
우러러보면
작은 풀꽃도 높아 보인다.
-「시선」

    모든 작품은 작가의 세계관에 영향을 받는다. 특히 디카시는 창작자가 직관하고 통찰한 세계를 어떻게 인식하느냐에 따라 달라진다. 물론 디카시는 '생활문학'으로 스마트폰을 소지하고 있으며 식자성이 있는 사람이라면 누구나 창작 가능하다. 시적 정서를 품고 있는 사물과 창작자가 만나면서 디카시 창작은 시작되기 때문이다. 디카시 창작의 모든 과정이 극순간적이지만 굳이 창작 기법을 설명하자면 이렇다. 문장이 먼저 오고 난 후 이미지를 만나는 것이 아니라, 극순간 이미지를 먼저 만나 찍고 극순간 문장을 받아 적는 것이다. 그러므로 디카시 창작자는 일종의 에이전시 역할을 하는 존재이다. 문자시는 시인이 마음으로 시의 씨앗 하나를 키우다가 문자를 통해 발아된 이미지를 묘사하거나 진술하는 방식으로 창작된다. 시창작의 어려움이 여기에 있다. 반면에 디카시는 이미 시적 정서를 품은 사물을 창작자가 만나면 문장 또한 따라온다. 이때 창작자는 시적 문장으로 일상어를 사용해도 무방하다는 점이 디카시의 강

점이 된다. 이러한 디카시의 요건들이 대중으로 하여금 디카시 창작의 접근성을 수월하게 하는 강력한 특징으로 작용한다.

　디카시 창작 층위가 폭넓은 만큼 작품의 층위도 천차만별이 된다. 앞서 말한 대로 작가는 어떤 방식으로든 자신만의 의식을 갖게 되는데, 그 의식의 표출 형식이 예술의 형식이 된다. 모든 것이 디카시의 소재가 된다고 하지만 많은 작가가 그 모든 것을 디카시로 창작하지는 않는다. 누군가는 무심히 지나쳤을 사둘이 어떤 사람에게는 어떤 의미로 다가온다. 극순간적으로 이루어지는 현상이다. 들녘 어디에나 피는 작은 민들레를 보는 시선 하나에도 시인의 관점은 천차만별로 드러난다. 혹자는 민들레를 내려다보는 것으로만 인식하고 있을 수 있다. 그리고는 '아주 작은 생명'이라느니, '작아서 넓은 세상을 못 보았으므로 훨훨 나는 자유를 꿈꿀 것'이라는 식의 사고에 한정되어 있을 수 있다. 비근한 예로 네이버나 다음 이미지에서 민들레 사진을 찾아보면 대부분 위에서 아래로 내려찍은 하이앵글 숏들 뿐이다. 사물을 바라보는 사람의 사고를 짐작할 수 있는 대목이다.

　민들레 잎의 길이는 보통 6~15cm가량이다. 큰 민들레도 고작 어른의 한 뼘 길이이다. 이런 민들레를 보는 시인의 「시선」은 독보적으로 다르다. 자신의 시선을 민들레의 키보다 낮추고 있다. 당연히 사유 방식도 달라질 수밖에 없다. 높고 낮음을 인식하는 것은 사람의 일이지 높은 건물 자체가 아니고 낮고 작은 꽃들이 아니라는 얘기다. 시인이 강조하는 것은 낮추어보기보다 우러러보기다. 말하고 있는 이미지가 키 작은 민들레이기 때문이다. 작은 것들의 존재 가치를 역설 강조함으로써 일반적 인식의 틀에 균열을 낸다.

새가 되어
날아갈 수 없다면
나무가 되어
새들을
불러 모으면 되지.
-「햇병아리」

디카시를 쓰는 보람 중 하나는 사물에 대한 재발견이자 재해석이다. 세상에서 소외되는 것들, 위대하지 않은 것들, 아주 하찮은 것들을 디카시 창작자는 소환하여 그것만의 세계를 만든다. 따라서 디카시 창작은 소외된 것들에게 위안의 행위가 되기도 한다. 벤야민은 "특별히 설치한 카메라 장치를 통해 촬영한 결과, 그리고 그렇게 촬영된 것을 그와 동일한 종류의 다른 촬영 장면과 함께 조립한 결과로서 생겨난다. 기계장치에서 벗어난 현실의 모습은 여기서 그 현실의 가장 인위적 모습이 되었고, 직접적 현실의 광경은 기술 나라의 푸른 꽃이 되었다."(「기술복제 시대의 예술 작품」)라며 영화와 사진 기술이 기계장치 속 인간 소외를 낳는다는 점을 지적하였다.

오늘날 벤야민의 글이 의미를 갖는 것은 바로 '사진과 영화라는 양식 속에서 인간 소외를 끄집어냈다는 점'이다.

그러나 디카시는 그런 사진예술의 범주에 들어가지 않는다. 오히려 기술에 의해 지배되는 자연이지만 그것을 모사하고 그것만의 세계를 담아내 존재를 재정립하는 일에 디카시는 충실하다. 그렇게 볼 때, 디카시는 벤야민의 염려를 조금이나마 상쇄할 수 있는 새로운 예술 형식이라 할 수 있다. 디카시 창작에서 고도화한 사진 기술은 필요하지 않다. 디카시는 디카시이지 사진예술이 아니기 때문이다. 그러한 특성을 시인은 정확히 인지하고 있다. 디카시에서 이미지에 치중되어 있지 않기 때문이다. '햇병아리' 사진에서 시적 의미가 생성되지 않고 어린싹의 존재만 드러난다. 이 사진은 문장을 만나서야 '햇병아리'로 존재의 의미가 재정립된다. 새가 아닌 싹, 나무가 될 리 없는 싹이 세상 물정 모르고 원대한 꿈을 구는 병아리로 재탄생한 것이다.

너 주려고
돈 좀 썼다!
-「꽃다발」

디카시는 에스엔에스(SNS)로 소통하는 환경에서 누구나 창작하고 향유할 수 있는 새로운 '詩놀이'이다. 놀이의 개념은 20세기 요한 하위징아가 '호모 루덴스' 즉 '유희의 인간'이라는 문화 신조어를 만들면서 세상에 등장하였다. 산업혁명 이후 '노동'하지 않는 인간은 잉여 인간으로 간주해왔다. 노는 인간을 죄악시했다. 노동만을 유효한 생산 활동으로 간주하면서 생물학적 특성을 고려하지 않고 잠이 많은 인간은 게으른 인간이라는 인식의 문화를 고정관념화하였다. 반면에 하위징아는 "진지한 노동이 인간의 창조적 발상을 가로막고 진부한 패턴으로 들어가게 한다"라고 말한다. 인간은 놀이할 때 더욱더 창조적이고 생산적인 문화를 만들며, 노동이 놀이의 동력이 되는 것이 아니라 진정한 놀이가 노동의 원동력이 된다는 것이다. 더욱이 우리에게 제7대륙이라고 하는 사이버 세상이 주어진 이 시대에 하위징아의 말은 특별한 의미를 갖는다. 노동 시간의 단축과 여가가 증가한 제7의 대륙은 '놀이'의 생산성, 놀이의 문화적 가치를 전경화하고 있다. 그러므로 놀이는 더 이상 노동의 반대말이 아니라, 놀이 같은 노동을 필요로 한다는 것을 인지해야 한다.

놀이에는 재치와 위트가 선행한다. 재치는 능란한 솜씨나 말씨 또는 눈치 빠른 감각을 잘 잡아내는 것이라면, 위트는 말이나 글을 즐겁고 재치 있고 능란하게 구사하는 것이다. 재치와 위트는 김영빈의 디카시가 담고 있는 가장 기본적이면서 강력한 특징이라 할 수 있다. 「반골」, 「닥쳐」, 「씨」, 「통신사가 어디니」 등등. 아마 일상에서도 소위 '아재 개그'를 하며 뭉근한 웃음을 만들어내는 것은 아닐까, 라고 짐작할 정도로 디카시 전반에 걸쳐 재치와 위트가 장착되어 있다. '꽃다발'은 시인이 사진을 포착하는 순간 이미 완성된 디카시라 할 수 있겠다. 그만큼 재치가 번득인다. "너 주려고/ 돈 좀 썼다"에서 '돈 좀 썼다'라는 짧고 교묘한 언어적 표현에 익살과 충격이 담겨있다. '돈 좀'이라는 의미가 반어적으로 좀이 아니라 어마어마 하다는 것을 사진 텍스트가 말하고 있기 때문이다. 사진과 제목 사이 예견하지 못한 연관성을 문장으로 드러냄으로써 독자로 하여금 신선한 충격에 빠지게 한다. 꽃다발이라는 익숙한 언어 코드를 파기하고 강물 한가운데 조성된 꽃다발 모형의 섬을 전경화한 것만으로도 환기성이 우세하다. 역시, 호모 루덴스! 스마트포니쿠스! 김영빈 디카시인이다.

pause

초판 1쇄 발행	2023년 4월 3일
초판 2쇄 발행	2025년 5월 1일
지 은 이	김영빈
펴 낸 이	방정원
펴 낸 곳	도서출판 놀북
출판등록	107-38-01604
편 집 실	충북 청주시 상당구 수영로 162
전　　화	010-2714-5200
전자우편	nolbook35@naver.com
ISBN	979-11-91913-23-1(03810)

값 18,000원

· 이 도서는 국립중앙도서관 서지정보유통지원시스템 홈페이지(http://seoji.nl.go.kr)와 국가자료종합목록 구축시스템(http://kolis-net.nl.go.kr)에서 이용하실 수 있습니다.
· 저작권법에 의해 보호를 받는 저작물이므로 저자와 출판사의 동의 없이 내용의 일부를 인용하거나 발췌하는 것을 금합니다.
또 파손된 책은 구입처에서 교환해 드립니다.